AF370205

IDICT DV ROY,

SVR LA CREATION DES

Offices de Conseillers Tresoriers Payeurs des Camps & Armées, des Viures, des Regimens & Compagnies des gens de pied, des Gardes Suisses, de la Caualerie Legere ; & Conseillers Controolleurs Prouinciaux ordinaires desdits Regimens tant François qu'Estrangers.

Rifié en la Chambre des Comptes & Cour des Aydes, le 28. Iuin 1627.

A PARIS,

A A. Estiene, P. Mettayer & C. Prevost
Imprimeurs ordinaires du Roy.

M. DC. XXVII.

Auec Priuilege de sa Majesté.

OVIS, par la grace de
Dieu, Roy de France & de
Nauarre, A tous presens &
aduenir, Salut. Encores
que par les Edicts de la
Declaration des Offices de Tresoriers
Generaux & Prouinciaux de l'Extraordinaire de nos guerres, & Controolleurs
d'iceux, la fonction desdittes charges
ayt esté particulierement designée;
Neantmoins les diuerses occurrences
qui se rencontrent esdittes charges, ont
bien souuent causé de la contention entre eux, au preiudice du bien de nos affaires & de nostre seruice; les vns pre-
nans faire le payement & le controolle de nos gens de guerre, tant de
pied que de cheual, à l'exclusion des autres; C'est pourquoy nous auons esti-
mé, que le bien de nos affaires & le sou-
lagement de nos subiets, requeroit que
le payement des gens de guerre tant de
cheual que de pied, que nous faisons

A ij

eſtat d'entretenir, & que nous leuero
cy-apres, ſoit fait par des perſonnes q
outre le ſoin particulier que le deuo
de leurs charges & leur employ les obl
gera, ſoient auſſi obligez de garder a
faict dudit payement, les reglemens qı
ſont & ſeront pour ce faits: Et d'ailleuı
les deſpenſes que nous auons eſté coı
traints de ſupporter pour l'entretien d
nos armées les années dernieres, oı
môté à des ſômes ſi exceſſiues, que Nou
ſômmes contraints auec regret, auoı
recours à des moyens extraordinaires
pour ſatisfaire aux deſpenſes preſentes
Et apres auoir mis en deliberation d'oı
nous les pourrions plus commodemeı
tirer, veu les grandes charges qui ſonı
ſur noſtre peuple, Nous n'auons quant
à preſent, trouué moyen plus à propos
& moins à la foule de nos ſubiets, que
par la creation de quelques Offices de
Finance, qui diſtinguera la charge &
fonction de ceux qui doiuent payer &
controoller leſdites gés de guerre, pour
éuiter le deſordre & la confuſion qui s'y
eſt gliſſée: A CES CAVSES, Sçauoir faiſôs,
qu'apres auoir fait mettre cét affaire en

liberatiõ en noſtre Conſeil, où eſtoiét
‍Royne noſtre tres honorée Dame
‍Mere , noſtre tres-cher Frere vni-
‍ꝗe le Duc d'Orleans , autres Princes,
‍nds & notables Perſonnages de no-
‍ꞩdit Conſeil : DE l'Aduis d'iceluy , &
‍ꝭnos certaine ſcience , pleine puiſſance
‍uthorité Royale ; AVONS par cettuy
‍eſtre preſent Edict perpetuel & irreuo-
‍ble , creé & erigé , creons & erigeons
‍itiltre d'Offices formez , Six nos Con-
‍Ɪlers Treſoriers & Payeurs des Regi-
‍ens dans nos Camps & Armées , Fran-
‍ꝭs & Eſtrangers : Six nos Conſeillers
‍Treſoriers des viures : Soixante dix-
‍ꞩꝭt nos Conſeillers & Treſoriers
‍ouinciaux de nos Regimens & Com-
‍ꝑnies de gens de pied , tant François,
‍Iſſes qu'autres Eſtrangers : Trois
‍ꝰfices de nos Conſeillers Treſoriers
‍ꝑyeurs de nos Gardes , Suiſſes & autres
‍ꞩꝭrangers. Trente nos Conſeillers Tre-
‍ꞩꝭers Payeurs Prouinciaux des Com-
‍ꝑnies de la Caualerie legere , Reitres ,
‍ꞩrabins , Mouſquetaires , Arquebu-
‍ꞩꝭrs & Piſtoliers à cheual, François &
‍ꞩrangers : Et quatre vingts-vn nos

A iij

Conſeillers & Controolleurs Proui̇
ciaux ordinaires des Regimens & a̶
τres Compagnies de gens de guerre
pied, tant François qu'Eſtrangers:

La fonction deſquels ſera, Sçauoir d̶
ſix Treſoriers payeurs des Regimens d̶
Camps & Armées, pour ſeruir trois ̶
chacun des departemens de deçà ̶
de delà les Monts, ancien, alternat
& triennal, De faire les payemens de
dits Regimens tant de preſent entret̶
nus, que de ceux qui pourront eſtre c̶
apres leuez & mis ſus pied, qui ſero̶
dans les Camps & Armées, leſque
Regimens ſeront reputez eſtre en A̶
mées, lors que noſtre eſtat ſera expe̶
à cét effect ; auquel ſeront employ̶
les Officiers de l'Armée & Artilleri̶
ou que la deſpenſe en ſera faite par e̶
ſeparé : A chacun deſquels Nous a̶
uons attribué & attribuons mil liur̶
de gages par chacun an, taxations ̶
droicts attribuez aux Offices de Treſo
riers Prouinciaux des Regimens cr̶
par le preſent Edict, dont ſera fait fon̶
au Treſoriers Generaux de l'extraord̶
naire des guerres, en exercice, ainſi qu'̶

fait pour leurs gages ordinaires. Cel-
les six Tresoriers payeurs des Viures,
pour seruir trois de deçà, & trois de delà
les Monts, ancien, alternatif & triennal,
de faire les payemés du faict & despen-
des Viures chacun dans son departement en l'année de son exercice, tant
sur le pain de munition, que toutes autres despenses qui en dependront en
quelque sorte & maniere que ce soit;
tout ainsi que les Tresoriers Generaux
de l'Extraordinaire de nos guerres ont
faict iusques à present : ausquels Nous a-
uons attribué & attribuons mil liures de
gages chacun par an, taxations & droicts
attribuez aux Offices de Tresoriers Prouinciaux des Regimens créez par le present Edict, dont sera aussi fait fonds ausdits Tresoriers Generaux de l'Extraordinaire des guerres sur la mesme natu-
re. Lesquels Tresoriers payeurs des Regimens des Camps & Armées, & des Viures, seront tenus chacun en l'année de
son exercice, de resider à la suitte desdites Armées, pour receuoir les deniers
qui leurs seront fournis & enuoyez par
lesdits Tresoriers Generaux de l'extra-

ordinaire des guerres, pour la defpen
du fait de leurs charges : Et à cét effe
d'elire domicile en cette Vile de Pari
pour y eftre aduertis de ce qu'ils auroi
à faire pour le deu de leurfdittes cha
ges, du maniement defquelles ils con
pteront aufdits Treforiers Generat
comme de Clerc à Maiftre, prendror
attache, & prefteront le ferment pard
uant eux lors de leur reception aufdi
Offices : Et outre feront tenus de baille
caution deuëment certifiée de la fomm
de fix mil liures chacun, pardeuant l
Preuoft de Paris ou fon Lieutenant Ci
uil, ainfi qu'il a efté prattiqué par les an
ciens Treforiers Prouinciaux des Gar
nifons.

LA fonction defdits Treforiers Pro
uinciaux de nos Regimens & Compa
gnies de gens de pied tant Françoi
qu'Eftrangers, aux vingt-fix Departe
ments, Sçauoir trois du departement d
Picardie, ancien, alternatif & triennal
trois de Champagne, trois de Mets
Toul & Verdun, trois de Roüen, troi
du Bas-Languedoc, & trois de Poictou;
qui auront de gages chacun fix cens
liures,

res. Trois du departemẽt de Caẽ, trois
tBourgongne, trois de Lyonnois, trois
iOauphiné, trois de Breſſe & Prouen-
x trois du haut-Languedoc, trois de
ncien departement de Guyenne, trois
nouueau departement de Guyenne,
is du departement de Xaintonge,
is de la haute Bretagne, trois de la
e Bretagne, trois de Touraine, trois
Orleans, trois de Berry, trois d'Auuer-
, trois de Bourbonnois, trois de Brie,
is de l'Iſle de France, & trois de Ly-
iſin, aux gages de cinq cens liures cha-
a: & trois au departement de Bearn,
g gages de quatre cens liures chacun.
us leſquels gages ſeront employez és
ats de la valeur de nos Finances de
cune Generalité de leurs departe-
ns ou la plus proche, dont le fonds de-
urera és mains des Receueurs Gene-
x de chacune Prouince, pour les deli-
r & en payer leſdits Treſoriers Pro-
iciaux de quartier en quartier ſur leurs
ples quittances.

ʋERA chacun en l'eſtenduë de ſa Pro-
ce & departement, tenu de faire tous
payemens deſdits Regimens, Compa-

gnies de gens de guerre, fous-regimer
& autres particuliers qui font ou feror
cy apres mis fur pied, de quelque n:
tion, qualité & condition qu'ils foien
fans que lefdits Treforiers Generaux o
Prouinciaux, anciens ny autres que le
dits Treforiers prefentement créez, o
ceux qui feront par eux commis, s'e
puiffent entremettre, fors & excepté lor
que lefdittes Compagnies feront ioin
tes enfemble feruans en corps d'Armées, ou occupées és fieges des Ville
ou places, & payées en confequence d
nos Eftats, lefquels contiendront les ap
pointemens du General & des Officier:
d'Armée & Artillerie, auquel cas feule
ment les payemens en appartiendroit
aufdits Treforiers Generaux: Et lors que
les Compagnies feront departies dant
les Prouinces, le payement en appartiendra aufdits Treforiers des Regimens. Et
pour le regard des Regimens qui font &
feront cy apres eftablis fous la charge des Gouuerneurs des Villes & places
fortes ou leurs Lieutenans, enfemble les
Compagnies qui font difpenfées du ferment du Colonel de l'Infanterie, or-

nées pour tenir garnison en aucune
ditres Prouinces , les payemens en se-
ot faits par lesdits Tresoriers Prouin-
ux anciens dudit extraordinaire des
rres. Et outre les gages susdits, Nous
ns attribué & attribuons ausdits
soriers Prouinciaux presentement
ez , taxation de trois deniers pour li-
t de leur maniement , selon & ainsi
en ioüyssent les anciens Tresoriers
ouinciaux de l'extraordinaire des
rres pour la despense des garnisons;
ls pourront prendre & retenir par
rs mains sur les payemens qu'ils au-
t à faire : & à cette fin en sera fait
ds dans les Estats de la despense qui
par Nous ordonnée pour lesdits Re-
ens & Compagnies. Les deniers du
ement desquels, ensemble desdittes
tions, serōt enuoyez par lesdits Tre-
rs Generaux de l'extraordinaire des
rres, auec coppie collationnée de nos
ts , en la ville capitale de chacune
uince de leur establissement ou do-
iles qui seront éleus par lesdits Tre-
rs Prouinciaux , & à eux deliurez
leurs recepissez , & ce à l'instant que

leſdits payemens ſeront par No...
donnez, & pourueu à la recepte d'e...
dont leſdits Treſoriers Generaux...
tenus d'aduertir leſdits Treſorie...
Regimens auparauant en noſtre V...
Paris, où leſdits Treſoriers Prouin...
ſeront pareillement tenus d'élire...
cile à cet effect. Et ſeront tenus l...
Treſoriers des Regimens, de prenc...
leurs Lettres de prouiſion, l'attach...
dits Treſoriers Generaux, du iour...
le leur ſera preſentée, & de co...
comme de Clerc à Maiſtre auſdit...
ſoriers Generaux de l'extraordina...
guerres, du fait & maniement d...
charges, & rapporter les roolles de...
ſtre dont ils ſeront reſponſables, ...
temps & ainſi qu'ont accouſtu...
compter leſdits anciens Treſorie...
uinciaux pour la deſpenſe des gar...
Et au cas que leſdits anciens ſe...
pouruoir deſdittes charges creees...
preſent Edict, ne ſeront tenus de...
caution à cauſe d'icelles.

E⊤ pour le regard des trois Tre...
Payeurs de nos Gardes Suiſſes, au...
nous auons attribué & attribuons...

cn, deux mil quatre cens liures de gages par chacun an, dont le fonds sera fait
&employé en l'Estat de la Compagnie
commandée par le sieur Mareschal de
Bassompierre Colonel General des
Suisses, à raison de deux cens liures chacun par mois, dont le fonds sera fait de
mois en mois par le Tresorier de l'Espar-
gne au Tresorier de l'extraordinaire des
guerres, ainsi qu'il a esté tousiours fait
pour les gages desdits anciens Tresoriers
& Payeurs des Gardes. Et outre ioüyront
des taxations de trois deniers pour liure,
& toute leur recepte dont ioüyssent lesdits Tresoriers des Gardes cy deuant
créez, qui seront employez sous leurs
noms en chacun des Estats de la despense à faire ausdittes Compagnies de nos
Gardes Suisses. Leur charge & fonction
sera de faire seuls le payement du Regi-
ment des Gardes Suisses, composé de la
Compagnie dudit sieur Colonel General, & de dix autres Compagnies, qui
sont vnze en tout, en quelques lieux &
endroits que lesdittes Compagnies ren-
dent seruice, soit prés nostre Personne,
ou dans les Villes ou autres lieux de no-

stre Royaume, mesmes és Camps & A-
mées , soit que nous y soyons en Perso-
ne ou non, comme aussi tous autres gex
de pied Estrangers qui seruiront actu-
lement à laditte Garde, sans qu'il soit fa-
cy apres aucun démembrement ny i-
nouation esdittes charges, ny que lesd-
anciens Tresoriers des Gardes, ny les a-
ciens Tresoriers Generaux & Proui-
ciaux de l'extraordinaire des guerres, r-
ceux qui sont créez par le present Edic-
ou autres qui le pourroient estre -
apres, se puissent entremettre ny immi-
cer à aucuns desdits payemens, à peine -
nullité, nonobstant tous Edicts, Arres-
& Reglemens faits & à faire au contra-
re.   Lesquels Tresoriers Payeurs de l-
Garde Suisse nouuellement créez, compteront comme de Clerc à Maistre, au-
Tresoriers Generaux de l'extraordinair-
des guerres, desquels ils prendront Lettres d'attache sur leurs Lettres de proui-
sion, si tost qu'elles leur seront presen-
tées, & feront l'exercice de leurs charge-
ainsi que les anciens Tresoriers des Gardes , conformément à l'Edict de 1581.
portant leur creation, qui seruira de re-

ement pour les nouueaux pourueus. Et
auenant que lefdits anciens Officiers
ts Gardes leuent lefdits nouueaux Of-
zes, ils ne feront tenus de bailler nou-
elle caution, ny faire nouueau ferment,
qu'ils en ont fait cy deuant feruant de
ureté pour la fonction defdits nou-
aux Offices.

CELLE des trente Treforiers Payeurs
ouinciaux des Cõpagnies de la Caua-
ie legere, Reitres, Carrabins, Mouf-
etaires & Arquebuziers à Cheual,
nçois & Eftrangers, tant anciennes
e nouuelles, eftans en garnifon ou te-
ns la Campagne, Sçauoir pour le de-
rtement de deçà les Monts, trois, an-
in, alternatif & triennal, qui payeront
Compagnie de deux cens Cheuaux lers, & celle des Moufquetaires à Che-
l feruans à noftre Garde, aux gages de
pq cens liures chacun. Trois qui paye-
nt les Compagnies de la Caualerie le-
re, Reitres, Carrabins, Arquebuziers
Piftolliers à Cheual, François & E-
trangers, tant anciennes que nouuelles,
ans en garnifon ou tenans la Campa-
e au departement de Picardie, aux ga-

ges de deux cens feize liures treize f
quatre deniers chacun. Trois qui fero
le femblable au departement de Chai.
pagne & Brie, aux gages de deux cens.
ures chacun. Trois au departement ;
Mets & pays Meffin, aux gages de fe
vingts dix liures chacu. Trois au depa
tement de la haute & baffe Normand;
aux gages de fept vingts dix liures ch
cun. Trois au departement de la haute
baffe Bretagne, à pareils gages de fe
vingts dix liures chacun. Trois au depa
tement de Bourgongne, Berry & Bou
bonnois, à femblables gages de fe
vingts dix liures chacun, Et trois au d
partement de Paris, Ifle de France, O:
leans & Touraine, aux mefmes gages (
fept vingts dix liures chacun: ET pour l
departemét de delà les Monts, Trois ï
departement de Poictou, Xainctong
Broüage, Pays d'Aulnix, Lymofin, ï
Marche, Auuergne, haute & baf
Guyenne, qui auront auffi la fonction d
Treforiers & Payeurs defdittes Compa
gnies de noftre Garde, lors qu'elles fe
ront audit departement feulement : &
trois au departement de Lyonnois
Foreft;

oreſts, Beaujollois, Pays de Dombes,
reſſe, Dauphiné, Prouence, haut & bas
Languedoc, auec les meſmes fonctions &
compagnies de noſtredite garde quand
elles ſeront audit département : Tous leſdits Treſoriers payeurs de la Cauallerie
gere pour ledit departement de delà les
monts, aux gages de cinq cens liures cha-
un : Et ſeront leſdits Treſoriers payeurs
le ladite Cauallerie legere, tant de deçà
que delà les Monts, tenus de prendre ſur
urs lettres de prouiſion, l'attache deſdits
Treſoriers generaux, du iour qu'elles leur
ront preſentées : & de bailler caution
le la ſomme de trois mil liures pardeuant
Preuôſt de Paris ou ſon Lieutenant
Ciuil, où ils ſeront tenus d'élire domi-
le, & en la ville capitale de chacun deſ-
ts départemens, Pour y receuoir deſdits
Treſoriers generaux en l'année de leur
xercice, les eſtats & ordres des payemens à faire pour ladite Cauallerie, & ſur
ls lieux où ſe feront les monſtres, les de-
ers que leſdits Treſoriers generaux y fe-
ont voicturer pour le payement d'icelles:
uſquels lieux ils ſeront pareillement te-
us de ſe trouuer pour faire leſdits paye-

C

mens : & à faute do ce, feront iceux payemens faits par les Commis defdits Treforiers generaux, porteurs defdits ordres &
deniers, apres les y auoir attendus & fe-
iourné trois iours entiers. De tous lefquels
payemens & maniemens, tant en recepte
que defpenfe, les pourueus defdits Offices compteront aufdits Trefories generaux comme de Clerc à Maiftre, & leur
rapporteront les roolles & autres acquits
des monftres & payemens par eux faits, fi-
gnez d'eux par inuentaire, fix femaines
apres chacune monftre faite, de la validité
defquels ils feront & demeureront re-
fponfables : & à faute de ce faire dans ledit temps, ne pourront pretendre le payement de la monftre fuiuante, ains fera loi-
fible aufdits Trefories generaux d'y commettre. Et afin que lefdits Trefories Generaux puiffent à toutes occurrences ren-
dre raifon du maniement de leurs charges
en noftre Confeil, Les pourueus defdits
Offices de Trefories Payeurs Prouinciaux de ladite Cauallerie legere, feront
tenus d'enuoyer aufdits Generaux quinze
iours apres chacune monftre faite par
ceux du département de deçà les monts,

: & vn mois apres par ceux du departement
de delà les Mõts, vn extraict signé & certi-
fié par eux, contenant le nõbre d'hommes
qui se fera trouué ausdites monstres, & des
deniers reuenans bons d'icelles. Les roolles desquelles monstres & deniers reuenans bons, ils seront obligez de remettre
és mains desdits Tresoriers Generaux ou
leurs Commis, lors qu'ils seront enuoyez
sur les lieux pour y voicturer les deniers de
la monstre suiuante. Et à faute de ce faire,
Enioignons ausdits Tresoriers Generaux
de faire faire les payemens de ladite monstre suiuante par leursdits Commis, à peine d'en respondre en leurs propres & pri-
uez noms. Demeurãt à la fonction desdits
Tresoriers Generaux de ladite Caualerie
les payemens des leuées, armemens & recreües desdites Compagnies : Ensemble
le payement de toutes les Compagnies
tant Françoises qu'estrangeres desdits
Cheuaux legers, Reiistres, Carrabins,
Mousquetaires, Arquebusiers & Pisto-
liers à cheual, lors qu'ils seront en corps
d'armées, commandées par vn General,
ou autre en son absence, sans que lesdits
Tresoriers Payeurs Prouinciaux s'en puis-

sent aucunement entremettre.

Et à cause de la presente creation desdits offices Tresoriers payeurs de Regimens dans les Camps & Armees, Tresoriers des Viures, & Tresoriers Prouinciaux de Regimens, Nous disons & declarons, voulons & nous plaist, Que doresnauant il ne soit rien innoué à la fonction restante à la charge desdits Tresoriers Generaux de l'extraordinaire des Guerres , en quelque sorte ny pour quelque cause & occasion que ce soit.

Et pour le regard des trois Controolleurs Prouinciaux ordinaires des guerres, antien, alternatif & triannal , creez par le present Edict en chacun des vingt-sept departements de ce Royaume, Aux gages qui seront attribuez & departis à chacun desdits offices, selon la bonté & merite de l'employ desdites Prouinces , suiuant le roolle des taxes qui en sera arresté en nostre Conseil. Le total desquels gages n'excedera la somme de vingt-cinq mil liures par chacun an , & droict de regiftre de cinquante liures par mois, que nous leur auons aussi attribué & attribuõs, lequel droict sera payé à celuy desdits Cõ-

trolleurs Prouinciaux ordinaires qui fera
nexercice, feulement en chacune defdi-
tt Prouinces & departemens, pour les
monftres qu'ils feront defdits Regimens,
apartie d'iceux, & autres Compagnies
rticulieres, & tous autres gens de pied
rançois & eftrangers, encores qu'il n'y
ait eu en chacune defdites Prouinces
qu'vne ou deux des fufdites Compagnies,
ce tant & fi longuement qu'elles y feront. Et fera le fonds dudit droict de Re-
ue fait & deliuré aux Treforiers Generaux Prouinciaux par chacun mois, cõ-
ã celuy du payement defdits gens de
ierre, felon & ainfi qu'iceux gens de
ierre feront changez & mis en Garni-
ãde Prouince à autre. Et pour le regard
leurs gages, ils en feront payez à l'ordi-
re de la guerre, comme font les Con-
rolleurs Prouinciaux antiens, qui fe-
ãt à cét effect employez és Eftats de la
cepte & diftribution des deniers du
illon.

La fonction defquels Controolleurs
ruinciaux fera de faire de leur chef tou-
les monftres des Regimens & Compa-
es de gens de guerre à pied, François
C iij

& Eſtrangers, qui ſont de preſent & ſero
cy apres mis ſus pied eſdites Prouinces
leur departement, ſans nuls excepter
reſeruer: Faiſans à ceſte fin defenſes à to
tes perſonnes quelles qu'elles ſoient,
s'entremettre au fait deſdites monſtres
reueuës à peine de nullité, ſinon ceux qi
leſdits Prouinciaux y voudront depart
en cas qu'ils ne puiſſent ou veulent ci
meſmes faire toutes les monſtres. Les e
traicts deſquelles leſdits Prouinciaux ſ
ront tenus enuoyer aux Secretaires
Controolleurs Generaux de l'extraord
naire de nos guerres, incontinent apr
leſdites monſtres faites, & non à autres,
le regiſtre & controolle d'icelles mo
ſtres en fin de chacune annee expiree.
où leſdits Regimens & Compagnies ſ
ront corps d'armée, le côtroolle des pay
mens en appartiendra auſdits Controo
leurs Generaux, ou à leurs Commis, po
par eux, ou en vertu de leurs departeme
en eſtre fait les monſtres & reueües eſd
tes armees, comme eſtant leur principa
charge & fonction, ſans qu'autres qu'eu
s'y puiſſent immiſcer à peine de nullit
Comme auſſi demeurerôt ioints à la cha

ɔ efdits Controolleurs Generaux cha-
tun fon département, les Regimens de
ŋfe garde, tant François qu'eftrangers,
ɔmpagnies particulieres, qui feront
ɛs par les Treforiers de nos gardes
oçoifes & Suiffes prefens & à venir,
ɛa par eux ou leurs Commis, en eftre
ɛs monftres & reueües qui leur font
ʒuées par le prefent Edict : enfemble
ṃutres gens de guerre generalement
ɛonques eftans à la Cour & fuitte de
ŋfe perfonne, fans que cy-apres lefdits
ɔtroolleurs Prouinciaux, & tous au-
ɛControolleurs ordinaires, puiffent à
ɛenir pretendre aucun droict au Con-
ɛle des monftres des fufdits gens de
ɛe. Demeurera pareillement à la
ɛge defdits Controolleurs Generaux,
ɔntroolle & département des mon-
ɛle tous les gens de guerre, tant Fran-
ŋqu'eftrangers, qui feront payez par
ɛreforiers Generaux de l'extraordi-
ɛt des guerres, ou leurs Commis, fui-
ɛe reglement d'entr'eux, & les Tre-
ɛs Prouinciaux des Regimens creez
ɔuinctement auec les prefens Con-
ɛleurs Prouinciaux. Et pourront lef-

dits Controolleurs Generaux commer
en leur abfence telle perfonne que ?
leur femblera, pour tenir le Regift:
Controolle des quittances qui s'expe ·
ront pour le faict dudit extraordinaire:
guerres & Cauallerie legere. Con
auffi demeurera en ladite charge del:
Controolleurs Prouinciaux, la fonc&
des monftres de tous les gens de gu
dudit extraordinaire, François & Eftn
gers, qui feront payez par les Trefor
Prouinciaux prefentement creez, ou
leurs Commis : ce qui leur appartien:
felon & ainfi qu'il eft cy-deffus decl
Pourront en outre lefdits Controoll
Prouinciaux ordinaires, du confentem
& en vertu des départemens des C
troolleurs Generaux, trauailler és m
ftres defdits gens de guerre, tant és arm
qu'ailleurs dépendans de la charge def
Controolleurs Generaux cy-deffus fp
fiee & declaree. Et en cas de maladie
empefchement defdits Controolle
Prouinciaux prefentement creés, ils po
ront commettre pour l'exercice de le
charges, premierement leurs compagn
d'Office, & à leur refus & abfence, tel

que bon leur semblera.

Et pour le regard de l'Edict de creation
 Controolleurs Generaux de la Caual-
ee legere, il demeurera en sa force &
rtu. Comme aussi les Edicts de creation
 Controolleurs Prouinciaux ordinai-
des guerres antiens, demeureront en
rr entier pour le regard des Garnisons
ainaires & Compagnies particulieres
fins sous les tiltres des Gouuerneurs &
pitaines de nos Villes, Places & Cha-
aux, & employées és estats qui seront
rediez pour lesdites garnisons, dont
lits Controolleurs Prouinciaux antiés
ont les monstres & reueües, & les de-
remens d'icelles, ainsi qu'ils ont cy de-
at fait : pour lesquelles ils feront leurs
gistres & Controolles, qu'ils fourni-
it ausdits Controolleurs Generaux à
ccoustumée, à la charge de la dffer-n-
qui leur est attribuée par lesdits Edicts.
eront lesdits Controolleurs Prouin-
ux presentement creez, tenus faire é-
ion de domicile en la principale Ville
thacune Prouince de leur departemét,
le prester le serment pour l'exercice
dittes charges, entre les mains desdits

D

Controolleurs Generaux dudit extraordinaire des guerres.

Lefdits Controolleurs Prouinciaux defdits Regimens prendrõt defdits Cõtroolleurs Generaux copie fignée d'eux, de tou[s] les eftats & ordonnances que nous feron[s] expedier pour le payement defdits gens d[e] guerre, dontils fe chargeront enuers eux aufquels Controolleurs Generaux Nou[s] mandons iceux leur deliurer.

Et en attendant que perfonnes capa[-] bles foient pourueus defdits offices d[e] Controolleurs, afin que noftre feruice n[e] puiffe eftre aucunement retardé, les mon[-] ftres des Compagnies defdits Regimen[s] feront faittes par ceux qui auront les de[-] partemens defdits Controolleurs Gene[-] raux, & non d'autres.

A tous lefquels offices creez par le pre[-] fent Edict, il fera dés à prefent & cy apres, lors que vacation écherra par mort, refi[-] gnation, forfaicture ou autrement, pa[r] Nous pourueu: Et feront les pourueus d'i[-] ceux admis à iouyr du benefice de la dif[-] penfe des quarante iours, ainfi que nos au[-] tres officiers, conformement à nos Let[-] tres de Declaration du 21. Feurier 1621

laquelle ils ioüyront sans payer aucu-
chose la presente année, & la suiuante
galement. Apres lesquelles expirees, ils
payeront en nos parties Casuelles le soi-
xantiesme denier de la moitié de la finan-
qu'ils auront payée en nos coffres pour
lesdits offices. Pour par tous lesdits Officiers creez par le present Edict, ioüyr des
gages & droicts cy deuant mentionnez,
ainsi & en la forme qui y est exprimée: Ensemble des honneurs, auctoritez, prero-
gatiues, preeminences, immunitez, pri-
uileges, franchises, libertez, droicts de
committimus aux Requestes de nostre
Hostel & du Palais, exemptions de Tail-
les, & autres droicts tels & semblables
qont ioüyssent nos autres Tresoriers &
Controolleurs Generaux & Prouinciaux
audit extraordinaire des guerres.
Et dautãt qu'à cause de la presente crea-
on, les charges desdits Tresoriers & Cõtroolleurs Generaux & Prouinciaux de
extraordinaire de nos guerres, & Tresoriers de nostre Cauallerie legere, sõt dimi-
nuées, Nous disons & declarõs par cestuy
nostre present Edict, Voulons, ordonnons
& nous plaist, que cy-apres il ne sera par

D ij

Nous, ny nos succefleurs Roys, fait aucu
ne creation ny defmembrement, fur l
faict & charge dudit extraordinaire, foi
pour les leuées, recreües & armemens d
tous les Regimens entretenus, & de ceu
qui feront cy-apres mis fus pied, que pou
la Cauallerie legere, viures extraordinai
res & defpenfes à la fuitte de la Cour; m
efdites Prouinces, en quelque forte &
maniere que ce foit. Permettant en outr
en confideration de la prefente creation,
aufdits Treforiers Generaux de l'extraordinaire des guerres, de leuer en nofdites
parties cafuelles lefdits fix Offices de nos
Treforiers Payeurs des Regimens dans les
camps & armees, & les fix Offices de
Treforiers & Payeurs des viures: Et aufdits Treforiers generaux de ladite Cauall-
lerie, lefdits trente Offices de Treforiers
Payeurs Prouinciaux cy-deuant declarez,
pour eftre par eux tenus, ou leurs Commis, coniointement ou feparément ainfi
que bon leur femblera. SI DONNONS
EN MANDEMENT à nos amez & feaux
les Gens de nos Comptes & Cour de nos
Aydes à Paris, Que noftre prefent Edict
il facent lire, publier & enregiftrer, & du

retenu en iceluy, facent, souffrent &
dient ioüyr les pourueus desdits Offices
dinement & paisiblement, sans leur fai-
mettre ny donner, ny souffrir leur estre
mis ou donné aucun trouble ny em-
pechement au contraire. CAR tel est
tre plaisir. Et afin que ce soit chose
me & stable, Nous auons fait mettre
tre seel à sesdites presentes. DONNE' ES
Paris au mois de Iuin, l'an de grace mil
cens vingt & sept, Et de nostre regne
dixhuictiesme. Signé, LOVIS. Et
bas, Par le Roy, DE LOMENIE.
costé, VISA. Et seellé sur lacs de
rouge & verte du grand seau de cire
ne. Et au dessous est escrit :

eu, publié & registré en la Chambre des
ptes, oüy le Procureur General du Roy, du
exprés commandement de sa Majesté,
par Monseigneur son Frere, venu exprés
dite Chambre, assisté des Sieurs Duc de
garde, Cheualier de ses Ordres, de Cham-
y & de Leon, Conseillers en ses Conseils
at & Priué, le vingt-huictiesme iour de
mil six cens vingt-sept.

Signé, **BOVRLON.**

Leu, publié & regiſtré par le commande-
ment du Roy, porté par Monſieur Frere vni-
que dudit Seigneur, aſſiſté du Sieur de Belle-
garde, Cheualier des Ordres de ſa Majeſté, &
des Sieurs de Champigny & de Leon, Conſeil-
lers en ſes Conſeils d'Eſtat & Priué, Oüy, &
ce conſentant le Procureur General de ſadite
Majeſté. A Paris en la Cour des Aydes les
Chambres aſſemblées, le vingt-huictieſme
iour de Iuin, l'an mil ſix cens vingt-ſept.

Signé,   *DE LAISTRE.*

Collationné à l'original, par moy Con-
ſeiller & Secretaire du Roy.